What Wonders Do You See... When You Dream?

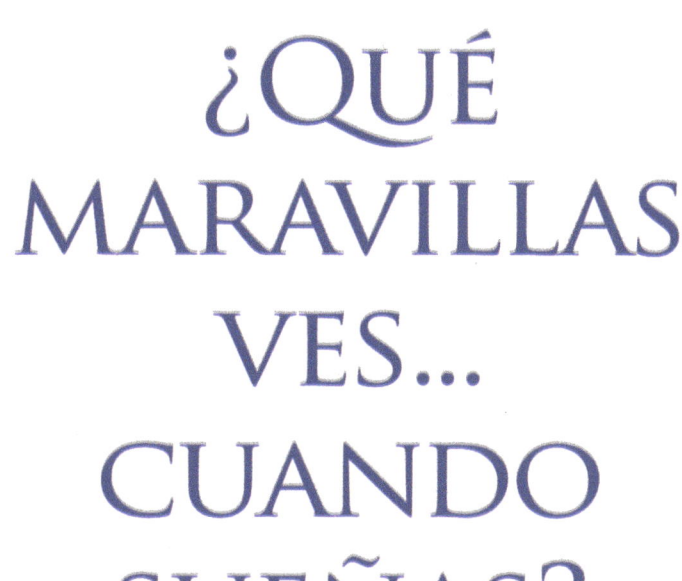

¿Qué maravillas ves... cuando sueñas?

Justine Avery   Liuba Syrotiuk

The day has ended.
Hasn't it been Splendid?

El día ha terminado.
¿No ha sido espléndido?

But now, it's time, to be sure,
for an entirely Different adventure.

Pero ahora es el momento, sin lugar a duda,
para una aventura totalmente diferente.

When the bright sky fades away
and there's no light left for play,
it's time to say "goodnight" to the sun.

Cuando el cielo brillante se desvanece
y no queda luz para jugar,
es hora de decir "buenas noches" al sol.

Oh, we've had so much fun!

¡Oh, nos hemos divertido tanto!

But this is not the time for pouting,
    and we wouldn't think of shouting.

Pero este no es el momento para hacer pucheros,
    y no deberíamos pensar en gritar.

We must hurry. We must hasten.
Precious time is surely wasting!

Tenemos que apresurarnos. Debemos apresurarnos.
¡Seguro que se está perdiendo un tiempo precioso!

Line up the books,
back to back.

Alinea los libros,
portada con portada.

Put all the toys

in
one
big
stack.

Coloca todos los juguetes

en
una
pila
grande.

Don't forget those teeth:
    brush, brush, brush!

        Then, tell the house to
        "hush, hush, hush."

No olvides esos dientes:
    ¡cepilla, cepilla, cepilla!

        Luego, dile a la casa
        "Silencio, silencio, silencio."

Now that we've done all the tidying,
where are those pajamas hiding?

Ahora que hemos terminado de limpiar,
¿dónde se esconden esos pijamas?

There they are!
Now, put them on.

It's time to stretch for a long, lovely yawn.

¡Allí están!
Ahora, póntelos.

Es hora de estirarse para un bostezo largo y agradable.

This is the hour. Now, it is time.

Esta es la hora. Ahora es el momento.

Cuddle up close, and nestle in near.

Listen carefully.
This is important to hear.

Acurrúcate y acurrúcate cerca.

Escucha cuidadosamente.
Es importante escuchar esto.

Bedtime is magical.
    Bedtime is wondrous.

    Bedtime is best when you're feeling Slumberous.

La hora de dormir es mágica.
    La hora de dormir es maravillosa.

La hora de acostarse es mejor cuando te sientes somnoliento.

If you're not feeling lazy,
not yet relaxed,

give marching orders to those ants in your pants!

Si no te sientes cansado,
aún no estás relajado,

¡da órdenes a las hormigas en tus pantalones de marchar!

Now, shake out all the wiggles,
and swallow down those giggles.

Ahora, sacúdete todas las ganas de menearte,
y trágate esas risitas.

Give the niggles a good wriggle,
and stifle every sniggle.

Dale a las quejas un buen meneo,
y sofoca cada risa.

You better buckle up all the chuckles
and shoo away any troubles.

Será mejor que abroches el cinturón a todas las risas
y ahuyentes cualquier problema.

Put a stopper in your snicker,
and give your worries a good kicker.

Ponle un tapón a tu risita
y dale una buena patada a tus preocupaciones.

Are your fingers resting?
All ten toes composed?

¿Están tus dedos descansando?
¿Los diez dedos de los pies relajados?

Now, let your little eyes
fall
closed.

Ahora, deja que tus ojitos
se cierren.

Shut them tight–no peeking!

For I will know
if you're sneaking.

Ciérralos bien–¡sin trampas!

Porque sabré
si lo estás haciendo.

Slowly now,
　　draw a deep breath in.

Lentamente ahora,
　　inhala profundamente.

Then, blow it all out.
And do it again.

We'll find what's waiting inside
your clever little mind,
unlock your imagination,

and open it wide.

Luego, déjalo salir todo.
Y hazlo de nuevo.

Encontraremos lo que te espera dentro de
tu pequeña mente inteligente,
libera tu imaginación,

y ábrela de par en par.

There are secrets there—'tis so—
that only Children can know.

Hay secretos ahí—es así—
eso solo los niños lo pueden saber.

When you drift
off to dream,

there's
another place

Behind and Between.

Cuando te
quedas dormido,

hay
otro lugar

justo detrás
y en el medio.

Keep your eyes snuggly sealed,
to see what your dreaming mind reveals.

Mantén tus ojos bien sellados,
para ver lo que revela tu mente soñadora.

Give it all your attention,
every bit of focus.

Préstale toda tu atención,
cada parte de tu enfoque.

when you Take the Time to Notice.

Cuando te tomas el tiempo de apreciar.

Inside your mind, look left, then right.

Dentro de tu mente, mira a la izquierda, luego a la derecha.

The most interesting somethings are now in sight!

¡Las cosas más interesantes están ya a la vista!

All are waiting there just for you,

Todas están esperando allí por ti,

ready to greet you as they fade into view.

listas para saludarte mientras se desvanecen a la vista.

There are funny notions and amazing abilities,

such tremendously wonderful possibilities!

Hay nociones divertidas y habilidades asombrosas,

¡posibilidades tan increíblemente maravillosas!

And if you care to, if you dare,
if you're kind enough to share,

whisper to me,
if you would,
if you please:

Y si te importa, si te atreves,
si tienes la amabilidad de compartir,

Susúrrame
por favor,
si no te molesta:

what wonders do You see?

¿qué maravillas tú ves?

For Kirelle,
my littlest muse who dreams
the most mysterious things.
– J.A.

Para Kirelle,
mi musa más pequeña que sueña
las cosas más misteriosas.
– J.A.

Justine Avery is an award-winning author who loves writing stories for all sorts of readers. She was born in America but grew up-and is still growing up-all over the world as a natural explorer with a curiosity for all things. She's jumped out of airplanes, off of very high bridges, and into shark-infested waters-to name a few adventures. And books are her favorite adventures of all.

Justine Avery es una autora galardonada que ama escribir historias para todo tipo de lectores. Nació en Estados Unidos de América, pero creció, y sigue creciendo, en muchos lugares del mundo gracias a su naturaleza exploradora y a su curiosidad por todas las cosas. Justine ha brincado desde aviones, de puentes muy altos y a aguas infestadas de tiburones, por mencionar algunas de sus aventuras. Entre todas las aventuras, los libros son su aventura favorita.

To my Family who gave me wings.
To all parents who inspire
their children to dream.
– L.S.

A mi familia que me dio alas.
A todos los padres que inspiran
a sus hijos a soñar.
– L.S.

Liuba Syrotiuk is a Ukrainian designer and watercolor artist. She works as an interior designer and watercolor illustrator. Liuba is a bright and sunny person, willing to find beauty in everything, especially in nature. Traveling around the world with a small box of watercolors makes her the happiest person.

Liuba Syrotiuk es un diseñador y acuarelista ucraniano. Trabaja como diseñadora de interiores e ilustradora de acuarela. Liuba es una persona luminosa y soleada, dispuesta a encontrar la belleza en todo, especialmente en la naturaleza. Viajar por el mundo con una pequeña caja de acuarelas la convierte en la persona más feliz.

First published 2019 by Suteki Creative
This bilingual Spanish-English edition first published 2021 by Suteki Creative

First Bilingual Edition

Copyright © 2021 Justine Avery
Illustrated by Liuba Syrotiuk
All rights reserved.

In accordance with international copyright law, this publication, in full or in part, may not be scanned, copied, stored in a retrieval system, duplicated, reproduced, uploaded, transmitted, resold, or distributed online or offline—in any form or by any means—without prior, explicit permission of the author.

But *please do…* lend this book freely! It's *yours*—you own it. So, pass it on, trade it in, exchange it with and recommend it to other readers. Books are the very best gifts.

ISBN: 978-1-63882-181-6
ISBN: 978-1-63882-179-3 (ebook)
ISBN: 978-1-63882-182-3 (hardcover)
ISBN: 978-1-63882-184-7 (audio book)

www.ingramcontent.com/pod-product-compliance
Lightning Source LLC
Chambersburg PA
CBHW061116070526
44583CB00027B/3311